8° Z
LE SENNE
10304

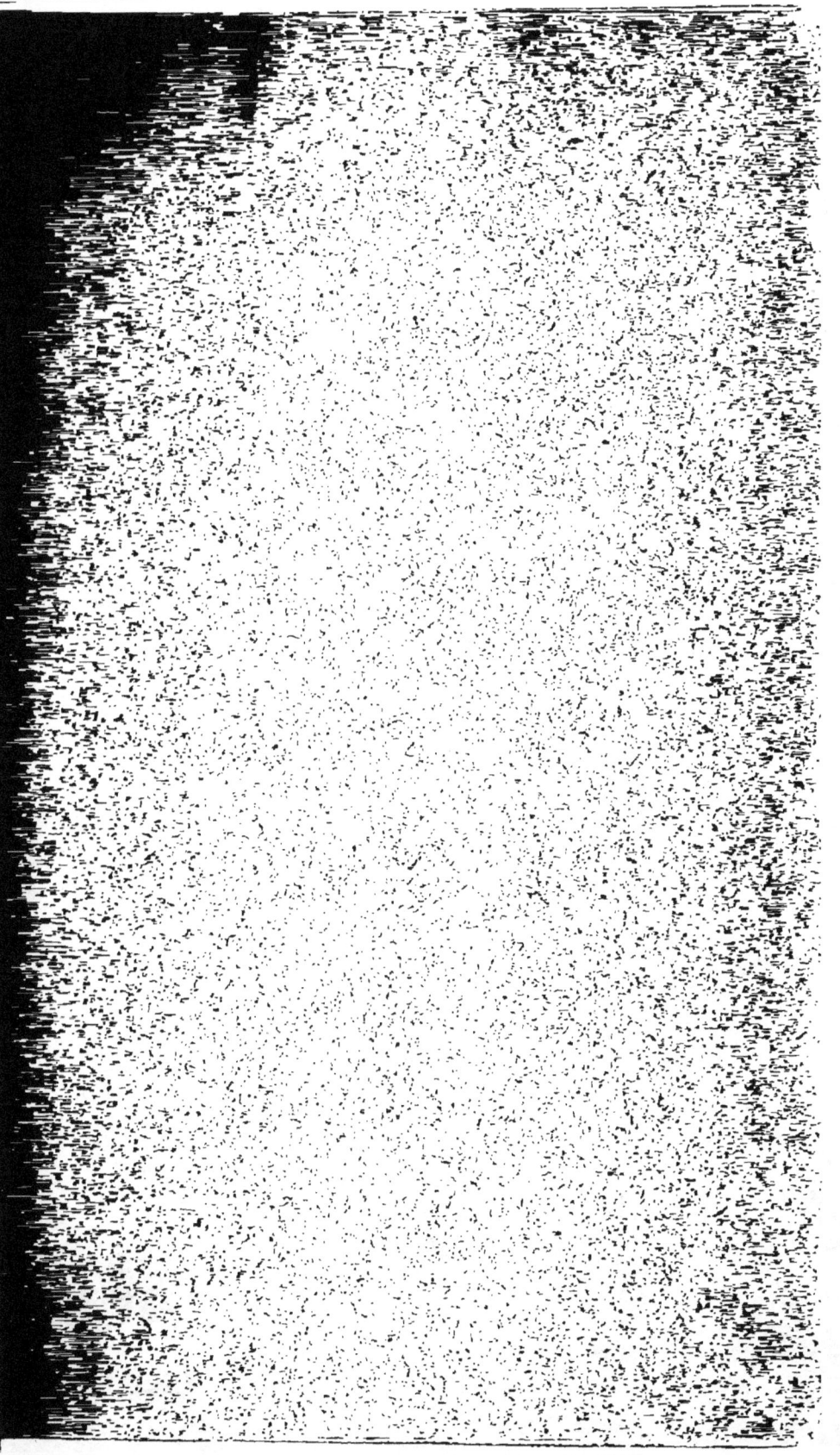

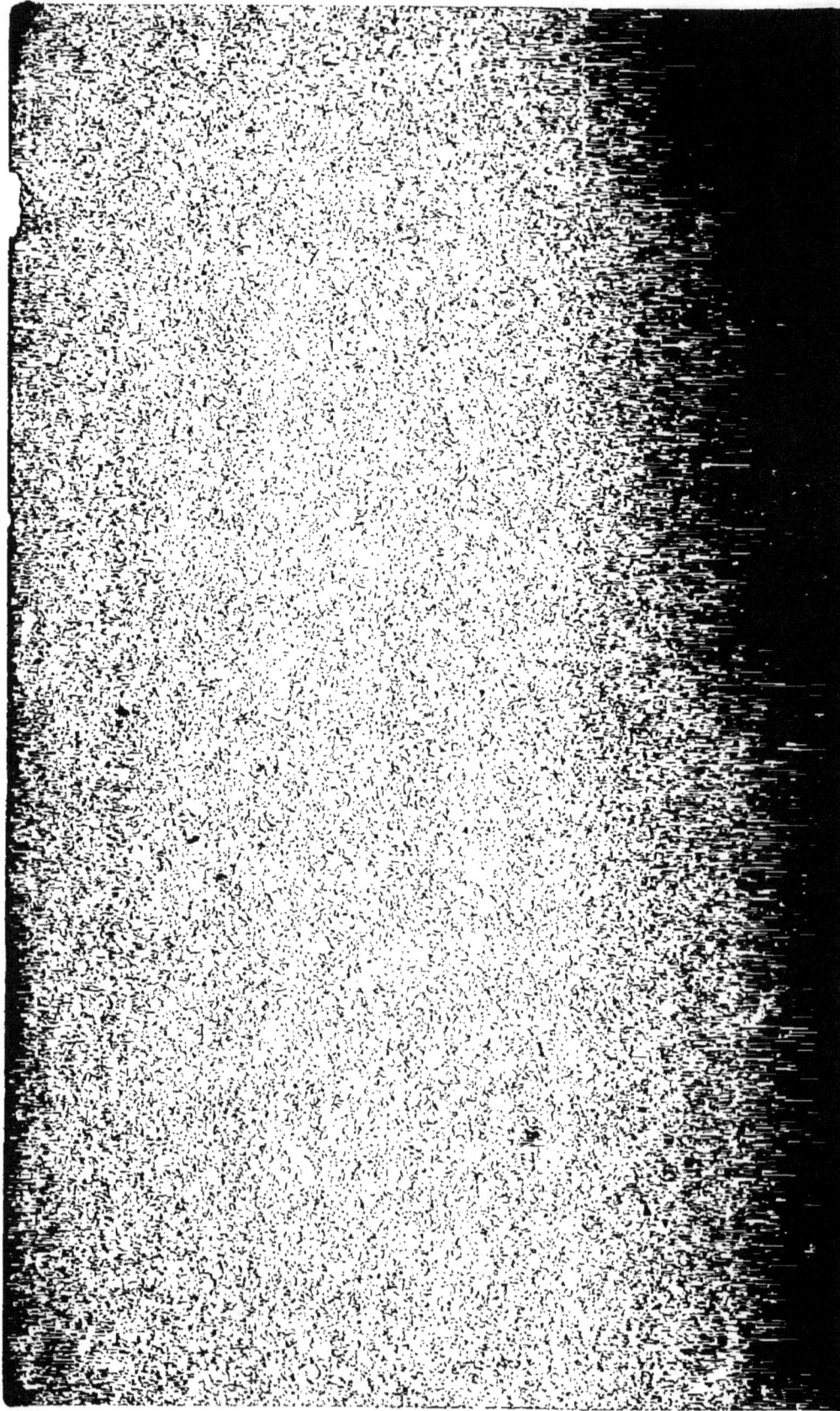

ÉMILE DE LA BÉDOLLIÈRE

LE PANTHÉON

Dessin par J.-A. BEAUCÉ

Prix : 50 centimes

PARIS
GUSTAVE HAVARD, ÉDITEUR
15, RUE GUÉNÉGAUD, 15

PARIS
HISTORIQUE, PITTORESQUE ET ANECDOTIQUE

LE PANTHÉON

PARIS. — IMP. SIMON RAÇON ET Cⁱᵉ, RUE D'ERFURTH, 1

Les Funérailles de Mirabeau.

LE PANTHÉON

PAR

ÉMILE DE LA BÉDOLLIÈRE

Gravure par J.-A. BEAUCÉ

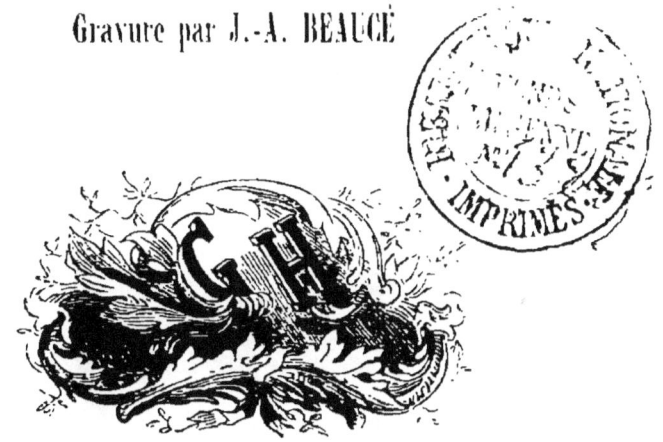

PARIS
GUSTAVE HAVARD, ÉDITEUR,
15, RUE GUÉNÉGAUD
1854

L'Auteur et l'Éditeur se réservent le droit de traduction
et de reproduction à l'étranger.

LE PANTHÉON.

CHAPITRE PREMIER.

**Les origines du Panthéon.
L'ancienne abbaye. — Vœu de Louis XV.
Plan de Soufflot,
Construction de l'église Sainte-Geneviève.**

Peu de monuments éveillent une aussi grande diversité de souvenirs que l'imposant édifice qui couronne la montagne Sainte-Geneviève, l'ancien mont Lucotitius. Bien qu'il ne date que du dix-huitième siècle, et que le nôtre en ait vu l'achèvement, il a des antécédents qui remontent à l'origine de la monarchie. La religion et le patriotisme en réclament simultanément la possession ; et il semble qu'il ait été prédestiné à cette double consécration, puisque la sainte sous l'invocation de laquelle il est placé s'était signalée non-seulement par sa piété, mais encore par son dévouement pour le salut de ses concitoyens.

Nos pères choisissaient volontiers les plateaux élevés pour y asseoir leurs temples, sans doute afin que les habitants échelonnés sur les versants fussent à chaque instant rassurés par le sentiment de la protection divine. Aussi, lorsque le chef sicambre que nous persistons à nommer Clovis, et qui s'appelait en réalité Chlodovich, eut courbé la tête sous le joug du christianisme, il donna un premier gage de sa foi en fondant sur le mont Lucotitius une église dédiée aux saints apôtres, et qui prit le nom de Sainte-Geneviève, dont les reliques y avaient été déposées. Elle fut brûlée par les Normands; mais, renaissant de ses cendres, elle devint une abbaye riche, puissante et honorée, dont l'abbé avait le droit de porter la crosse, de se coiffer de la mitre, de conférer à ses religieux la tonsure et les quatre ordres mineurs, comme s'il eût été l'archevêque de Paris.

Pendant plusieurs siècles, l'église abbatiale, dont le clocher seul est resté debout, suffit aux nombreux fidèles qui venaient s'y prosterner devant la châsse de sainte Geneviève; mais, en 1754, Louis XV, atteint d'une grave maladie, réclama l'intercession de la patronne de Paris, en faisant vœu, s'il guérissait, de lui élever une somptueuse basilique.

C'est à l'accomplissement de cette promesse que nous devons le monument actuel. Le plan en fut tracé par Jacques Germain Soufflot, architecte du roi, intendant général des bâtiments. Cet artiste donnait à l'église la forme d'une croix grecque, et disposait en avant du temple un péristyle soutenu par vingt-deux colonnes corinthiennes. Plein des souvenirs de Rome, où il avait longtemps étudié, il ornait la façade du fronton évidé de l'antique Panthéon ; et, au-dessus du centre, auquel aboutissaient les quatre bras de la croix, il jetait hardiment un dôme analogue à celui de Saint-Pierre.

Les travaux commencèrent immédiatement après que l'abbé de Sainte-Geneviève eut béni le terrain, le 1er août 1758. Ils furent poursuivis avec assez d'activité pour que Louis XV posât la première pierre des piliers du dôme, le 6 septembre 1764. La crypte était couverte ; le porche dessinait sur le ciel la silhouette de ses colonnes à cannelures rudentées ; on posait les assises du dôme sur son massif soubassement, quand des gerçures furent signalées par un tailleur de pierres nommé Dufeux. Les couches inférieures de pierres qu'on avait évidées pour obtenir un joint imperceptible à l'extérieur, se tassèrent sous le poids des couches supérieures, et l'architecte reconnut avec douleur que sa basilique naissante menaçait ruine. « Soufflot, tu es perdu ! » telles furent les paroles qu'il prononça après avoir constaté la gravité du mal ; en effet, le désappointement, la crainte de ne pouvoir réaliser ses projets grandioses, les critiques dont il fut assailli, abrégèrent ses jours, et il mourut en 1780, sans avoir la consolante certitude que son œuvre serait achevée.

Sa succession fut donnée à l'architecte Brébion ; mais ce fut Rondelet qui eut la gloire de consolider le dôme en superposant de larges pilastres sur les colonnes engagées aux angles des quatre piliers triangulaires qui devaient soutenir l'énorme poids de la voûte (vingt-deux millions de livres)..

A peine avait-on triomphé de cette difficulté, qu'il en survint une autre plus grave, l'absence de ressources pécuniaires. Les constructions, d'abord suspendues, puis complétement interrompues pendant la guerre de la France avec l'Angleterre, ne furent reprises qu'en 1783, et marchèrent avec une désespérante lenteur. Des gravures du temps nous représentent l'église neuve sous la forme d'une vieille ruine, surmontée, comme la cathédrale de Cologne, d'une grue éternelle, et semblant plus près de se confondre avec la terre que de s'élever vers les cieux. Peut-être aurait-on abandonné ce qui était fait pour se dispenser de ce qui restait à faire, si une pensée nouvelle n'avait placé la création de Louis XV sous les auspices de la Révolution.

CHAPITRE II.

**Mort de Mirabeau.
Décret du 4 avril 1791 sur la sépulture des
grands hommes. — Funérailles de Mirabeau.**

Mirabeau venait de mourir ; la population regrettait le tribun dont l'éloquence l'avait tant de fois remuée, et qui, épuisé par les luttes politiques autant que par les désordres de sa vie, tombait sur le champ de bataille parlementaire. Comme on était en un temps d'anglomanie, on songea spontanément à imiter la Grande-Bretagne, qui avait réuni les tombes de ses grands hommes sous les voûtes de Westmister. Mirabeau devait ouvrir la liste des citoyens illustres auxquels seraient accordés les honneurs d'une sépulture nationale. Cette idée se propagea rapidement dans les assemblées de sections, dans les réunions populaires; partout on l'accueillit avec faveur, mais sans pouvoir se mettre d'accord sur l'emplacement. Les uns proposaient de faire un mausolée de la rotonde que la ferme générale avait bâtie à la Villette; d'autres parlaient de transformer le Champ de Mars en une sorte de Campo Santo. Ce fut M. Pastoret, procureur général syndic du directoire du département de Paris, qui proposa l'église Sainte-Geneviève. Mirabeau avait cessé de vivre le 2 avril 1791, à huit heures et demie du matin. Dans la même journée, le directoire se réunit, et M. Pastoret prit la parole en ces termes :

« Huit jours sont à peine écoulés depuis

que, assis au milieu de nous, Mirabeau y présentait avec son éloquente énergie les moyens de régénérer la tranquillité publique, et déjà Mirabeau n'est plus. Quand la mort frappa cet Américain illustre, dont le nom rappelle à la fois tout ce que le génie eut de plus vaste, la liberté de plus actif, la vertu de plus auguste, l'orateur français, dans la tribune nationale, provoqua le deuil de la France et de l'univers. Vous venez de lui rendre le même hommage d'estime et de douleur, mais cet hommage, messieurs, ne vous acquitte pas entièrement. Au milieu des justes regrets causés par une mort qui, dans ce moment, peut être considérée comme une calamité publique, le seul moyen de distraire sa pensée est de chercher dans ce malheur même une grande leçon par la postérité. Les larmes que fait couler la perte d'un grand homme ne doivent pas être des larmes stériles.

« Plusieurs peuples anciens renfermaient dans des monuments séparés leurs prêtres et leurs héros. Cette espèce de culte qu'ils rendaient à la piété et au courage, rendons-le aujourd'hui à l'amant constant du bonheur et de la liberté des hommes : que le temple de la religion devienne le temple de la patrie ; que la tombe d'un grand homme devienne l'autel de la liberté ! On sait qu'une nation voisine recueille religieusement dans un de ses temples les cendres des citoyens dont la mémoire est consacrée par la reconnaissance publique ; pourquoi la France n'adopterait-elle pas ce sublime exemple? pourquoi leurs funérailles ne deviendraient-elles pas une dépense nationale? Mais ce vœu, nous ne pouvons que l'exprimer, c'est à nos représentants, à ceux que nous avons si justement chargés du travail de nos lois et du soin de notre bonheur, à lui imprimer un caractère auguste. Hâtons-nous donc de le leur présenter, et qu'un décret solennel apprenne à l'univers que la France consacre enfin aux amis du peuple ses monuments réservés autrefois aux hasards de la naissance et des combats. »

Le directoire applaudit avec enthousiasme, et envoya le 3 avril une députation à l'Assemblée constituante pour l'inviter à déclarer que le nouvel édifice de Sainte-Geneviève serait destiné à recevoir les cendres des grands hommes, à dater de l'époque de la liberté ; que l'Assemblée nationale seule jugerait à quels hommes cet honneur serait décerné ; qu'Honoré Riquetti Mirabeau en serait jugé digne : que les exceptions qui pourraient avoir lieu pour quelques grands hommes morts avant la Révolution, tels que Descartes, Voltaire, J.-J. Rousseau, seraient faites pas l'Assemblée nationale ; enfin que le directoire du département de Paris serait chargé de mettre promptement l'édifice de

Sainte-Geneviève en état de remplir sa nouvelle destination, et ferait graver au-dessus du fronton ces mots : *Aux grands hommes la patrie reconnaissante.*

Ces propositions furent adoptées par acclamation ; Duval d'Espréménil, Montlosier et Rochebrune, se levèrent seuls pour les combattre. Le décret formulé par le comité de constitution fut voté le 4 avril, sur le rapport de le Chapelier. Il était conçu à peu près dans les mêmes termes que la motion du directoire départemental.

« Art. 1. — Le nouvel édifice de Sainte-Geneviève sera destiné à recevoir les cendres des grands hommes, à dater de l'époque de la liberté française.

« 2. — Le Corps législatif décidera seul à qui cet honneur sera décerné.

« 3. — Honoré Riquetti Mirabeau est jugé digne de recevoir cet honneur.

« 4. — La législature ne pourra pas à l'avenir décerner cet honneur à un de ses membres venant à décéder; il ne pourra être déféré que par la législature suivante.

« 5. — Les exceptions qui pourront avoir lieu pour quelques grands hommes morts avant la Révolution ne pourront être faites que par le Corps législatif.

« 6. — Le directoire du département de Paris sera chargé de mettre promptement l'édifice de Sainte-Geneviève en état de remplir sa nouvelle destination, et fera graver au-dessus du fronton ces mots: *Aux grands hommes la patrie reconnaissante.*

« 7. — En attendant que la nouvelle église de Sainte-Geneviève soit achevée, le corps de Riquetti Mirabeau sera déposé à côté des cendres de Descartes, dans le caveau de l'ancienne église Sainte-Geneviève. »

Comme l'atteste ce dernier article, l'Assemblée constituante, en faisant de la nouvelle basilique la nécropole des citoyens illustres, ne songeait nullement à lui ôter son caractère religieux, et elle convia le clergé catholique aux obsèques de Mirabeau, qui furent célébrées dans la soirée du 4 avril.

Jamais funérailles royales n'avaient attiré plus d'affluence et provoqué plus de sympathiques douleurs. L'immense cortége, qui partit à quatre heures du soir de la maison mortuaire, située au coin de la rue de la Chaussée d'Antin, avait plus d'une lieue de long, et s'avançait lentement à travers des masses compactes. Un détachement de la garde nationale à cheval ouvrait la marche avec les sapeurs et les canonniers de la garde à pied. La Fayette, alors à l'apogée de sa popularité, caracolait à la tête de députations nombreuses des soixantes bataillons. L'armée était représentée par les grenadiers, les cent-suisses, les suisses rouges, les invalides, les gardes de la prévôté de l'hôtel et les soldats des régiments du roi. Les musiciens qui exécutaient des marches funèbres, et le clergé de Saint-Eustache, précédaient le cercueil, porté par seize hommes du bataillon des Capucins de Saint-Louis de la Chaussée-d'Antin qu'avait commandé Mirabeau. Une urne contenant le cœur du défunt était entre les mains d'un de ses lieutenants. Derrière ce groupe central venaient les ministres, l'Assemblée nationale, le bataillon des enfants et celui des vétérans, les électeurs, les députés des quarante-huit sections, l'administration départementale, la municipalité, les tribunaux, les officiers municipaux des villes voisines, la Société des Amis de la constitution, la société de 1789, les sociétés fraternelles, les clubs patriotiques; enfin des détachements de cavalerie et d'infanterie.

L'église Saint-Eustache, où l'on allait célébrer l'office des morts, avait été tendue de draperies noires depuis le pavé jusqu'aux voûtes. Après une messe solennelle, un membre de la société de Jésus, Joseph-Antoine-Joachim Cerutti, prononça l'oraison funèbre de Mirabeau, dont il avait été le collaborateur et l'ami. C'était une tâche épineuse, car le défunt avait été plus recommandable par ses talents que par ses mœurs, par ses qualités que par ses vertus. Cerutti s'en acquitta heureusement, et les gardes nationaux, qui composaient en grande partie cet auditoire, lui témoignèrent leur satisfaction de la manière la plus insolite. « La cérémonie, dit le journal de Prudhomme, fut terminée par une décharge imprudente de *plus de vingt mille mousquets*. Plusieurs, chargés à balle, firent éclater quelques fragments de corniche, dont un blessa assez grièvement une personne. On fut heureux d'en être quitte pour cet accident. »

Il était dix heures du soir quand le convoi reprit la route de Sainte-Geneviève : un corbillard avait été préparé pour recevoir le corps; mais les porteurs volontaires refusèrent opiniâtrément d'abandonner leur fardeau, qu'ils déposèrent à minuit dans un caveau du cloître de l'église abbatiale, entre Descartes et Soufflot.

CHAPITRE III.

**Voltaire au Panthéon.
Pétitions en faveur de Rousseau.
Beaurepaire.**

Voltaire vint bientôt prendre place auprès de Mirabeau. Le philosophe qui avait tant persiflé les moines reposait paisiblement sous les arceaux de l'abbaye de Sellières, en Champagne. La révolution qu'il avait si puissamment préparée le chassa de ce dernier asile. L'ordre de Cîteaux fut supprimé avec tous les autres ordres monastiques; on vendit aux enchères publiques les bâtiments conventuels de Sellières, et les restes de Voltaire furent provisoirement déposés dans la petite église de Romilly. Ils étaient là, quand, le 30 mai 1791, Gossin, député de Bar-le-Duc, monta à la tribune, et s'écria : « C'est le 30 mai 1778 que les honneurs de la sépulture ont été refusés à Voltaire, et c'est ce même jour que la reconnaissance nationale doit consacrer en s'acquittant envers celui qui a préparé les hommes à la tolérance et à la liberté. » Après avoir rappelé le génie et les services de l'auteur du *Dictionnaire philosophique*, Gossin proposa le décret suivant, qui fut immédiatement adopté : « L'Assemblée nationale ordonne que la dépouille mortelle de Marie-François Arouet Voltaire soit transférée de l'église de Romilly dans celle de Sainte-Geneviève de Paris. »

La cérémonie devait avoir lieu le 4 juillet, mais la fuite de Varennes la retarda. Malgré les préoccupations politiques du moment, les Parisiens demandaient avec inquiétude des nouvelles de Voltaire. — Où est-il ? — Il a couché à Brie-Comte-Robert. — Demain, il dîne à Créteil. — Enfin le chariot, orné de branchages, qui portait le corps, arriva dans la nuit du dimanche, 11 juillet, et fut déposé au centre de la place de la Bastille, sur un autel construit par l'architecte Célerier, avec des débris de la forteresse où le poëte, puni de l'audace de ses premiers vers, avait passé quelques mois de sa jeunesse.

Le lendemain, on se mit en route pour Sainte-Geneviève. Les sapeurs de la garde nationale ; le bataillon des enfants, en habits bleu-de-roi ; les clubs ; la corporation des forts de la halle ; les habitants du faubourg Saint-Antoine armés de piques, précédaient :

Le plan en relief de la Bastille;

Une couronne murale maçonnée avec le mortier des cachots de la Bastille;

Des cuirasses et des boulets rouillés trouvés dans les fossés de la Bastille;

Enfin les bustes ou médaillons de Mirabeau, de Desilles, de Franklin et de Jean-Jacques Rousseau, moulés avec du plâtre de la Bastille.

Des élèves peintres, sculpteurs, architectes, affublés de costumes grecs, et tenant des écriteaux sur lesquels on lisait les titres des ouvrages de Voltaire, entouraient sa statue, sculptée par Houdon. Une autre statue, représentant la Liberté, était soutenue par huit femmes, vêtues de blanc à la grecque. Derrière elle, on portait, dans une arche dorée, un exemplaire des œuvres complètes de Voltaire, éditées par Beaumarchais. Les gens de lettres, les académiciens, les acteurs de différents théâtres, se groupaient fièrement sous une bannière décorée de cette inscription : *Famille de Voltaire*. Enfin douze chevaux blancs, attelés trois par trois, traînaient le sarcophage, à la partie supérieure duquel on voyait l'image en cire de Voltaire, étendu sur son lit de mort, et couronné par la Gloire.

Le cortége, qui prit un long détour, s'arrêta devant le théâtre de l'Opéra, qui est aujourd'hui celui de la Porte-Saint-Martin. Le chanteur Chéron couronna, et madame Pontaut baisa respectueusement l'effigie. On fit une seconde station sur la place Louis XV, et une troisième au coin de la rue de Beaune, devant la maison où le vieillard célèbre était venu mourir en 1778, auprès de son ami Charles de Villette, et de la femme qu'il lui avait donnée, mademoiselle René de Varicourt, justement surnommée *Belle et Bonne*.

Sur la façade était gravé ce monostique :

Son esprit est partout, et son cœur est ici.

Les gradins d'un amphithéâtre adossé à la maison étaient occupés par madame de Villette, les deux filles du protestant Calas et plusieurs femmes vêtues de blanc à la grecque, couronnées de roses, et tenant des guirlandes de chêne à la main.

Le convoi longea les quais, suivit la rue Dauphine, et fit une dernière halte au Théâtre-Français, actuellement l'Odéon. La pluie tombait par torrents; la nuit était survenue escortée de ses plus épaisses ténèbres. Cependant Larive, mademoiselle Raucour et mademoiselle Contat s'avancèrent pour rendre hommage à l'image de cire. Puis des jeunes gens, munis de torches flamboyantes, s'assirent aux quatre coins du sarcophage, qui, précipitant sa course, parvint enfin, vers dix heures du soir, à sa destination.

Ce fut quelques jours après cette solennité païenne que le public, qui cherchait un nom pour désigner la sépulture des grands hommes, adopta celui de Panthéon. On le trouve, pour la première fois, dans une pétition signée, au mois d'août 1794, par des hommes de lettres, des artistes, des savants, tels que Lemierre, Ducis, Chamfort, Colin d'Harleville, Piis, Gorsas, le violonniste Viotti, le chimiste Fourcroy, l'aéronaute Garnerin. Elle réclamait les honneurs du Panthéon pour Rousseau, qui, associé à Voltaire dans la mémoire des hommes, devait logiquement partager avec lui les récompenses posthumes. Les habitants de Montmorency combattirent ces conclusions, par l'organe de M. Prestre, juge au tribunal de leur district. Ils consentaient à ce qu'on élevât un cénotaphe à Rousseau sous le dôme du Panthéon : mais ils voulaient que cet ami de la nature restât en paix au milieu de la verdure et des eaux, sous les peupliers d'Ermenonville. L'Assemblée nationale ne se prononça point; par un décret du 27 août, elle décida en principe que les honneurs décernés aux grands hommes seraient rendus à l'auteur du *Contrat social*; mais elle renvoya le mode d'exécution à l'examen de son comité de constitution.

On connaît l'héroïque suicide du commandant du premier bataillon de Maine-et-Loire, Beaurepaire, qui, se voyant forcé par la défection de la municipalité de Verdun d'abandonner la place aux Prussiens, se brûla la cervelle en plein conseil. L'Assemblée législative ordonna, le 12 septembre 1792, que le corps de Beaurepaire serait transporté de Sainte-Menehould au Panthéon français, et que l'inscription suivante serait gravée sur sa tombe : « Il aima mieux se donner la mort que de capituler avec les tyrans. » Delaunay d'Angers, dont le rapport précéda ce décret, avait dit : « Le territoire français, depuis le Panthéon jusqu'à Sainte-Menehould, est couvert de bataillons. Imaginez de quelle impression profonde seront frappés nos guerriers en voyant passer au milieu d'eux un char funèbre portant les restes d'un homme mort pour la liberté. Cette vue élèvera les âmes, inspirera le courage et animera tous les cœurs du désir de la vengeance. » Cette translation eût été sans doute d'un puissant effet moral; mais les circonstances en empêchèrent la réalisation.

CHAPITRE IV.

**Lepelletier de Saint-Fargeau.
Décret en l'honneur de Marat. — Translation des
cendres de Rousseau au Panthéon.**

La Convention plaça au Panthéon Michel Lepelletier de Saint-Fargeau, assassiné par le garde-du-corps Pâris, le 21 janvier 1793, pour avoir voté la mort de Louis XVI. Elle y mit aussi Marat, qui fut l'idole du peuple avant d'être en butte aux malédictions de la postérité. Le buste de cet homme avait été placé sur la scène de tous les théâtres et dans la salle des séances de la représentation nationale. Le conseil général avait, le 11 août 1793, ordonné l'impression d'un *poëme à la gloire de Marat*, par Dorat-Cubières. La rue des Cordeliers avait pris le nom de rue Marat; la rue de l'Observance, celui de place de l'Ami-du-Peuple. Un mausolée avait été érigé en l'honneur de Marat, au centre de la place du Carrousel; ses restes reposaient dans le beau jardin de l'ancien couvent des Cordeliers, et son cœur, embaumé avec soin, déposé dans une urne, était suspendu à la voûte de la grande salle de ce monastère, transformé en club. Les honneurs du Panthéon devaient être le complément de cette folle idolâtrie. Le 25 novembre 1793 (5 frimaire an II), Marie-Joseph Chénier monta à la tribune, au nom du comité d'instruction publique. Après un préambule sur l'insuffisance du génie sans moralité, il analysa des pièces récemment découvertes, qui établissaient que Mirabeau avait reçu de l'argent de la cour. A la vénalité de Mirabeau, il opposa le désintéressement de Marat, chez lequel on n'avait trouvé, après sa mort, qu'un assignat de cinq livres ; et sa conclusion fut qu'il fallait que l'un remplaçât l'autre au Panthéon. La Convention nationale, « considérant qu'il n'est point de grand homme sans vertu, décréta à l'unanimité :

« Le corps d'Honoré-Gabriel Riquetti Mirabeau sera retiré du Panthéon français.

« Le même jour que le corps de Mirabeau sera retiré du Panthéon français, celui de Marat y sera transféré.

« La Convention nationale, le conseil exécutif provisoire, les autorités constituées de Paris et les sociétés populaires assisteront en corps à cette cérémonie. »

LE PANTHÉON.

Ce décret ne fut exécuté que plusieurs mois après la chute de Robespierre, le 21 septembre 1794. Marat était encore populaire, surtout dans les faubourgs, et la Convention, en le faisant transférer au Panthéon, se proposa de donner un gage au parti jacobin, dont elle redoutait l'exaltation. Le programme officiel des cérémonies observées à cette occasion est un des monuments les plus curieux de l'esprit révolutionnaire ; aussi le citerons-nous textuellement :

« Le président proclamera le premier article du décret du 24 brumaire et celui du 5 frimaire, relatifs aux honneurs décernés à Marat.

« Le cortége se rendra ensuite au Panthéon dans l'ordre suivant :

« 1° Corps de cavalerie et ses trompettes ouvrant la marche,

« 2° Groupes de tambours ;

« 3° Les sociétés populaires ;

« 4° Musique et groupe d'élèves du camp de Mars ;

« 5° Les autorités constituées des sections de Paris marchant en masse ;

« 6° Groupe des élèves du camp de Mars ;

« 7° Les tribunaux ;

« 8° Groupe des élèves du camp de Mars ;

« 9° Groupes d'artistes représentant la masse du peuple, et destinés à célébrer par des chants les vertus de Marat ;

« 10° L'Institut national de musique ;

« 11° Groupe de citoyennes en nombre égal à celui des départements, et portant des corbeilles remplies de fleurs destinées à être jetées par elles sur la tombe de Marat ;

« 12° Le char de triomphe de Marat ;

« 13° La Convention nationale : un ruban tricolore, soutenu par les quatre âges, formera l'enceinte de la Convention.

« 14° Les orphelins des défenseurs de la patrie, précédés de leur musique ;

« 15° Groupe de blessés de toutes les armées ;

« 16° Groupe des élèves du camp de Mars ;

« 17° Groupe de tambours ;

« 18° Corps de cavalerie fermant la marche.

Route que tiendra le cortége.

« Il sortira par le Pont-Tournant, la place de la Révolution, la rue de la Révolution, la rue Honoré, la rue du Roule, la rue de la Monnoie, le Pont-Neuf, la rue de Thionville, la rue Française, la rue de la Liberté, la place Michel, la rue Hyacinthe, la rue Jacques, la place du Panthéon.

« Le cortége s'arrêtera lorsqu'il sera arrivé sur la place du Panthéon.

« Un huissier de la Convention s'avancera vers la porte d'entrée, et il y sera fait lecture du décret qui exclut du Panthéon les restes d'Honoré-Riquetti Mirabeau.

« Aussitôt le corps de Mirabeau sera porté hors de l'enceinte du temple, et remis au commissaire de police de la section.

« Le corps de Marat sera ensuite porté triomphalement sur une estrade élevée dans le Panthéon.

« Le président de la commission, placé sur l'estrade, retracera au peuple les vertus qui ont mérité à Marat les honneurs que la nation entière rend à sa mémoire. »

« En sortant du Panthéon, les défenseurs de la patrie auxquels des drapeaux auront été confiés pour les remettre aux armées se rendront sur la place de l'Estrapade, où ils trouveront quatorze voitures qui leur seront destinées pour remplir l'objet de leur mission.

« La Convention nationale, précédée de

l'Institut national de musique, sera reconduite au lieu de ses séances.

« Tous les citoyens qui assisteront à la fête seront sans armes.

« Tous les groupes marcheront sur dix de front.

« A six heures du soir, tous les spectacles donneront, de par et pour le peuple, les pièces les plus analogues à la fête. »

Le *Moniteur* du 22 septembre 1794 publie un compte rendu détaillé de cette fête funèbre, qui surpassa en magnificence toutes celles qui l'avaient précédée.

Jean-Jacques Rousseau avait cédé le pas à Marat. Le tour du philosophe vint le 9 octobre 1794 (18 vendémiaire an III). Une députation des habitants d'Ermenonville, de Groslay, de la commune d'Émile, ci-devant Montmorency, et de Franciade, ci-devant Saint-Denis, conduisit à Paris le corps, qui fut reçu au Pont-Tournant par une députation de la Commission. Au centre du grand bassin des Tuileries avait été disposée une île entourée de saules pleureurs. Là, sous un édifice de forme antique, fut déposé l'urne qui renfermait les restes de Rousseau. Le 11 octobre (20 vendémiaire), à neuf heures du matin, la Convention s'échelonna tout entière sur une tribune adossée à la façade du palais; et le président Cambacérès, aux acclamations de la foule, lut les décrets rendus pour honorer la mémoire du philosophe.

Le cortége se mit en marche; le comité d'instruction publique l'avait organisé de manière à rappeler aux spectateurs les principaux ouvrages de Rousseau, sa naissance, sa vie et sa mort. Les symphonistes, placés à la tête de la longue procession, jouaient des airs de son *Devin de village*. Des professeurs du jardin des Plantes, au milieu desquels on portait des fleurs et des fruits, personnifiaient pour ainsi dire sa *Botanique*. Le système d'éducation qu'il avait préconisé dans l'*Émile*, était représenté par des artistes, des ouvriers rassemblés autour d'un char où se confondaient leurs attributs, le compas et le rabot, le pinceau et la scie, le burin du graveur, le ciseau du statuaire et le soc du laboureur. Des mères de famille, groupées avec leurs enfants autour de sa statue, semblaient le remercier des conseils éloquents qu'il leur avait donnés. La présence des habitants d'Ermenonville et de Montmorency faisait songer à ses dernières années. Les Genevois qui environnaient le char funèbre évoquaient les souvenirs de son enfance, si fraîchement dépeinte dans ses *Confessions*. Enfin ses idées politiques semblaient se résumer dans la Convention, devant laquelle des huissiers portaient le *Contrat social*. Chaque partie de ce cortége était un volume.

CHAPITRE V.

Dépanthéonisation de Marat.

Voltaire et Rousseau sont restés au Panthéon ; nous en avons vu chasser Mirabeau, qu'on relégua dans un coin du cimetière de Saint-Étienne du-Mont. Celui qui l'avait supplanté fut, comme lui, proscrit par un revirement subit de l'opinion publique. Le 1er février 1795, le buste de Marat fut hué, renversé, brisé, au théâtre Feydeau, au Vaudeville, dans les cafés, au théâtre de la République. On le pendit, après l'avoir mouillé de sang, sur la porte d'un pharmacien de la rue des Lombards, membre de l'ancien comité révolutionnaire de sa section. On croit généralement qu'à la suite de ces manifestations la jeunesse dorée se porta au Panthéon, en arracha les dépouilles mortelles de Marat et les jeta dans un égout. C'est un fait entièrement controuvé, bien que l'abbé de Montgaillard ait écrit dans son histoire de la Révolution :

« 8 février 1795. Les restes de Marat sont arrachés du Panthéon, traînés dans les rues par les jeunes gens de Paris, et jetés dans les immondices de l'égout Montmartre, digne tabernacle d'un tel dieu. »

Ce paragraphe est copié presque textuellement sur un passage de l'*Histoire de la Révolution* par deux amis de la liberté (t. XIII, p. 86); mais ces deux auteurs parlent de l'image de Marat et nullement de ses restes. « L'*effigie* de Marat fut promenée dans tous les carrefours par les jeunes gens, qui, après l'avoir traînée dans la boue, furent l'ensevelir dans les immondices de l'égout Montmartre, digne tabernacle d'un tel dieu. »

Voilà la vérité, et l'étrange variante de l'abbé de Montgaillard doit être considérée comme non avenue. Le témoignage des historiens dont il a dénaturé le texte est confirmé par tous les journaux contemporains. « Dans la rue Montmartre, dit le *Moniteur*, les enfants ont promené le buste de Marat en l'accablant de reproches ; ils l'ont ensuite jeté dans l'égout, en lui criant : « Marat, « voilà ton Panthéon ! » Les citoyens du faubourg étaient rassemblés en foule et consacraient, par leurs applaudissements, cette exécution burlesque du jugement de flétrissure depuis longtemps porté par la raison publique. »

Suivant le *Courrier républicain*, il y aurait eu plusieurs effigies de Marat précipitées dans l'égout de la pointe Saint-Eustache. « Ce que faisait la jeunesse française dans les spectacles, de petits enfants l'avaient exécuté pendant le jour dans les rues de Paris. Dans le quartier Montmartre, on a vu ces enfants porter en procession de petites figures de Marat, que leur avaient sans doute données leurs mères, et les jeter dans l'égout, en disant : « Voilà ton Panthéon ! »

Ces scènes se passaient le 2 février : Marat reposait encore dans son tombeau d'honneur; mais il était difficile qu'il y restât longtemps. Aussi le *Courrier républicain* du 8 février annonce-t-il comme imminente la *dépanthéonisation du saint moderne*. « Marat, le trop célèbre Marat, est toujours au sommet du Capitole; mais il est à craindre que son cadavre, transporté sur la roche Tarpéienne, ne soit bientôt précipité avec fracas dans les eaux du Tibre. » Les sections devaient s'assembler dans la nuit du 8 février, pour inviter de concert la Convention nationale à chasser Marat du Panthéon. Les représentants du peuple prévinrent ce vœu et décrétèrent dans la journée, sur les rapports des comités de salut public, de sûreté générale et de législation, que les honneurs du Panthéon ne pourront être décernés à aucun citoyen que dix ans après sa mort; et, donnant à ses décisions un effet rétroactif, la Convention rapporta toutes dispositions contraires; mais elle ne prononça pas le nom de Marat, sans doute parce qu'elle redoutait l'influence que les partisans de l'*Ami du peuple* avaient encore dans les faubourgs.

Quant aux restes de Marat, nous avons démontré qu'ils n'avaient pas été jetés dans un égout; mais nous ignorons ce qu'ils devinrent.

CHAPITRE VI.

**Décadence du Panthéon.
Il est rendu au culte. — Rapport de Champagny.
Décret du 20 février 1806.**

Cependant le monument de Soufflot, négligé au milieu des troubles de la Révolution, était dans une situation lamentable. Mercier, qui le visita à la fin de 1795, en parle en ces termes : « Je me suis jeté dans les escaliers de l'édifice, à travers les échelles, la poussière des plâtres, les marteaux, les longues scies et les échafauds mouvants. Le moindre son se répercutait; le moindre mouvement semblait m'annoncer la chute prochaine du dôme, et, pour le coup, je me figurais enterré dans le Panthéon sans plaidoyer et sans conteste. En sortant de l'édifice, j'éprouvai le plaisir qu'éprouvent les matelots et les guerriers à la suite des tempêtes et des combats, celui de me sentir vivant. Pourquoi étais-je allé visiter cet édifice? parce que l'on m'avait dit qu'il y avait du péril. »

On remédia au mal avant qu'il fût irréparable. Les travaux reprirent sous la direction de Soufflot fils, nommé architecte du Panthéon, le 27 mars 1796; puis sous celle de Rondelet, qui le remplaça le 3 mai 1801.

La ci-devant église Sainte-Geneviève semblait devoir être irrévocablement le Panthéon; elle n'avait jamais reçu d'autel; on

LE PANTHÉON.

n'y avait jamais célébré l'office divin. Napoléon conçut l'idée de la rendre, ou plutôt de l'ouvrir au culte catholique, sans lui ôter son caractère de nécropole honorifique. Il se fit adresser dans ce sens un rapport par son ministre de l'intérieur, Champagny.

Après avoir exposé brièvement les vues de l'empereur, le ministre ajoutait :

« Telle est, sire, la nouvelle destination que vous avez marquée au Panthéon. Votre Majesté a voulu qu'il soit le temple de la Religion et celui de la Reconnaissance, dont le vœu réuni, en s'élevant vers le ciel, lui demande d'acquitter la dette contractée sur la terre envers ceux qui auront bien servi la patrie et le prince. Les grands dignitaires, les grands officiers de l'empire, de la couronne et de la Légion d'honneur, les généraux et sénateurs, vous paraissent avoir des droits à cette noble sépulture : grande conception qui accomplit ainsi dans une même considération les vœux du patriotisme, de la morale et des beaux-arts. »

Le décret conforme parut le 20 février 1806.

Il disait :

« L'église de Sainte-Geneviève sera terminée et rendue au culte, conformément à l'intention de ses fondateurs, sous l'invocation de sainte Geneviève, patronne de Paris.

« Elle conservera la destination qui lui avait été donnée par l'Assemblée constituante, et sera consacrée à la sépulture des grands dignitaires, des grands officiers de l'empire et de la couronne, des sénateurs, des grands officiers de la Légion d'honneur, et, en vertu de nos décrets spéciaux, des citoyens qui, dans la carrière des armes ou dans celle de l'administration et des lettres, auront rendu d'éminents services à la patrie. Leurs corps embaumés seront inhumés dans l'église.

« Le chapitre métropolitain de Notre-Dame, augmenté de six membres, sera chargé de desservir l'église de Sainte-Geneviève. La garde de cette église sera spécialement confiée à un archiprêtre, choisi parmi les chanoines. »

CHAPITRE VII.

**Le Panthéon sous l'Empire.
Obsèques du maréchal Lannes. — L'église
Sainte-Geneviève sous la Restauration.
Description de la fresque de la coupole.**

Ce décret ouvrit les caveaux de Sainte-Geneviève à trente-neuf fonctionnaires publics, la plupart oubliés aujourd'hui. On remarque toutefois, parmi eux, le ministre des cultes Portalis, le philosophe Cabanis, le peintre Vien, le cardinal Caprara, archevêque de Milan, le savant Lagrange, et le vice-amiral de Bougainville.

Les restes du maréchal Lannes, duc de Montebello, tué à Essling le 22 mai 1809, furent transférés solennellement, le 6 juillet 1810, dans la crypte de Sainte-Geneviève, où ils furent reçus par M. Roman, archiprêtre et chanoine de Notre-Dame. Il est à remarquer que le procès-verbal officiel de la cérémonie, signé par l'archichancelier, le duc de Feltre, et le comte Bigot de Priameneu, ministre des cultes, donne à l'église le nom de Panthéon.

Auprès du corps du maréchal Lannes on plaça celui de son compagnon d'armes, Leblond de Saint-Hilaire, mort à la bataille d'Essling.

De 1806 à 1815, le gouvernement dépensa pour l'achèvement de l'église Sainte-Geneviève une somme totale de 2,266,050 fr.

Il eût été désirable que la fondation de

l'empereur fût respectée par les gouvernements postérieurs ; mais ils se montrèrent malheureusement exclusifs. Louis XVIII voulut une église sans Panthéon ; Louis-Philippe, un Panthéon sans église. Le premier, par son ordonnance du 12 décembre 1802, livra l'édifice aux missionnaires de France. Il fut inauguré, le 3 janvier 1823, dans une cérémonie à laquelle assistèrent le corps municipal, la cour d'appel, le tribunal civil, le tribunal de commerce, les juges de paix, l'état-major de la garde nationale et celui de la première division militaire; et l'abbé de Boulogne monta en chaire pour fulminer l'anathème contre les *restes impurs des complices des incrédules*. Cependant Louis XVIII, monarque un peu voltairien, eut le bon esprit de respecter les morts, et se contenta, sans bouleverser les caveaux, de veiller à l'appropriation du sanctuaire. A l'inscription que l'Empire avait maintenue sur la plinthe du fronton : « *Aux grands hommes la patrie reconnaissante,* » on substitua ces mots: « D. O. M. SUB INVOC. S. GENOVEFÆ LUD. XV DICAVIT, LUD. XVIII RESTITUIT. » Une grande croix, hérissée de rayons, fut sculptée dans le tympan du fronton, et la coupole supérieure du dôme fut décorée d'une grande composition, représentant l'apothéose de sainte Geneviève. La sainte, sous son costume traditionnel de bergère, est au milieu des cieux, environnée d'anges qui sèment des fleurs. Louis XVI, Marie-Antoinette et Louis XVII partagent avec elle la gloire céleste.

Au bas du tableau se groupent des rois et des reines, avec des attributs divers qui aident à constater leur identité respective. Clovis et Clotilde assistent à la destruction des derniers autels du paganisme. A côté de Charlemagne les anges présentent la croix aux Saxons adorateurs d'Odin.

Louis IX et Marguerite de Provence prient à genoux, et leurs étendards timbrés d'une croix flottent auprès du roi mort en Palestine. Louis XVIII, appuyé sur la duchesse d'Angoulême, contemple les tables de la charte constitutionnelle que le jeune duc de Bordeaux semble promettre d'observer. Dans cette immense peinture à fresque, Gros s'est maintenu au rang que lui avaient assuré la *Peste de Jaffa* et la *Bataille d'Eylau*.

Bien que la crypte ne fût plus consacrée aux grands hommes, on y transféra, en 1829, le corps de Soufflot, qui avait été inhumé dans la vieille abbaye des Génovéfains, et l'inscription suivante fut gravée sur le nouveau mausolée :

ICI

est le corps de messire Jacques-Germain

Soufflot, chevalier de l'ordre du roi, architecte de Sa Majesté et de la nouvelle église de Sainte-Geneviève, intendant général des bâtiments du roi, associé libre de l'Académie royale de peinture et de sculpture, contrôleur général des bâtiments de la ville de Lyon, membre de son Académie, de celles de Rome, de Marseille, etc., décédé le 29 août 1780.

CHAPITRE VIII.

L'église Sainte-Geneviève redevient le Panthéon.

Un des premiers actes des vainqueurs de Juillet 1830 fut le rétablissement du Panthéon. Un artiste dramatique, Eric Bernard, fit peindre sur une planche l'inscription primitive, et elle fut replacée sur la plinthe, aux acclamations d'une foule de citoyens. Cette manifestation populaire fut ratifiée par l'ordonnance du 26 août 1830, conçue en ces termes :

« Louis-Philippe, etc.,

« Notre conseil entendu,

« Considérant qu'il est de la justice nationale et de l'honneur de la France que les grands hommes qui ont bien mérité de la patrie en contribuant à son bonheur et à sa gloire reçoivent, après leur mort, un témoignage éclatant de l'estime et de la reconnaissance publique ;

« Considérant que, pour atteindre ce but, les lois qui avaient affecté le Panthéon à une semblable destination doivent être remises en vigueur,

« Nous avons ordonné et ordonnons ce qui suit :

« Art. 1er. Le Panthéon sera rendu à sa destination primitive et légale ; l'inscription :

Aux grands hommes la patrie reconnaissante, sera rétablie sur le fronton. Les restes des grands hommes qui auront bien mérité de la patrie y seront déposés. »

Une commission, composée du maréchal Jourdan, du général Lafayette, du colonel Jacqueminot, de MM. Béranger et de Schœnen, fut chargée de déterminer à quelles conditions et dans quelles formes ce témoignage de la reconnaissance nationale serait décerné au nom de la patrie : le travail auquel elle se livra fut examiné par une seconde commission que nomma la Chambre des députés, et, dans la séance du 11 décembre 1830, M. de Montalivet vint à la tribune demander, au nom de la France, de rendre à un de nos plus beaux monuments la plus belle destination. « L'antiquité, dit-il, peupla les temples des statues de ceux qui avaient bien mérité de la patrie et de l'humanité, et, chez les modernes,

Westminster a recueilli leurs cendres. A l'époque où les Français prirent rang parmi les peuples libres, ils voulurent aussi consacrer cette ère nouvelle par des honneurs rendus au plus éloquent défenseur de leur liberté. Quand la mort frappa Mirabeau, une voix s'éleva dans la première de ces assemblées, et le Panthéon s'ouvrit pour la mémoire des grands hommes. Si, plus tard, le pouvoir les a déshérités des honneurs funèbres qui leur furent décernés par la loi, la patrie vient de reconquérir au prix de son sang le droit de se montrer reconnaissante, et c'est au sortir d'une révolution où les sacrifices ont été sublimes qu'elle éprouve plus profondément que jamais le besoin d'honorer les morts illustres.

« Les honneurs du Panthéon ne seront décernés par le concours des trois pouvoirs que dix ans après la mort de celui qui en sera jugé digne : on a pensé que la raison publique ne pourrait prononcer avec impartialité que sur des cendres refroidies; il faut qu'on puisse dire que c'est la postérité qui a jugé, afin que le jour du triomphe soit réellement celui de la justice. »

CHAPITRE IX.

**Loi du 11 décembre 1830.
Cérémonie du 19 juillet 1831. — Peintures
de Gérard.**

A la suite de son exposé des motifs, le ministre de l'intérieur présenta un projet de loi qui portait : « En exécution de la loi du 4-10 avril 1791, le Panthéon sera de nouveau consacré à recevoir les restes des citoyens illustres qui ont bien mérité de la patrie.

« L'inscription : *Aux grands hommes la patrie reconnaissante*, sera rétablie sur le fronton.

« Les honneurs décernés seront ou un mausolée, ou une inscription gravée sur une table de marbre.

« Les honneurs ne seront accordés qu'en vertu d'une loi, et dix ans au moins après le décès du citoyen qui en sera l'objet.

« Néanmoins, au 29 juillet 1831, premier anniversaire de la Révolution de 1830, les restes de Foy, Larochefoucauld-Liancourt, Manuel et Benjamin Constant seront portés au Panthéon.

« Seront gravées sur les murs du Panthéon les inscriptions suivantes :

« Aux guerriers morts pour la patrie.

« Aux citoyens qui ont péri pour la liberté.

« Aux héros des journées de Juillet. Les

noms seront gravés au bas de cette inscription.

« La présente loi sera gravée sur les murs du Panthéon »

La Chambre des députés donna acte au ministre de la présentation de ce projet de loi, et le renvoya aux bureaux, où il resta enseveli. Le général Foy et Manuel ne furent placés au Panthéon qu'en effigie, par des élèves de l'école polytechnique. On ne parla plus de troubler les cendres de Benjamin Constant et de réparer les scandales qui avaient signalé l'inhumation du charitable Larochefoucauld-Liancourt. Sans provoquer l'adoption de ses propositions dans leur ensemble, le gouvernement se borna à faire graver la liste des morts de Juillet sur quatre tables de bronze, qui furent placées pompeusement dans le temple, le 27 juillet 1831. Ce jour-là les portes du Panthéon s'ouvrirent par une cérémonie imposante. La coupole était revêtue de tentures noires et de draperies tricolores. Dans les entrecolonnements, des écussons qu'entouraient des guirlandes et des couronnes de chêne, liées par des nœuds de crêpe, portaient : 1830; *journées des* 27, 28 *et* 29 *Juillet*. Deux rangs de tribunes longeaient toutes les faces de la nef et du chœur. Elles furent remplies par des députations de la Chambre des pairs et de la Chambre des députés, par des vétérans de 1789, des decorés de la croix et de la médaille de Juillet, du conseil d'État, des cours et tribunaux, du corps municipal, de l'Institut de France et des universités. A une heure et demie, Louis-Philippe vint prendre place sur un trône, ayant à ses côtés ses fils, l'empereur don Pedro, les ministres, les maréchaux de France et un grand nombre d'officiers généraux. Le roi prit un marteau des mains de M. d'Argout, ministre des travaux publics, scella successivement les quatre tables de bronze, et prononça une courte allocution, qu'il termina par le cri de *Vive la France!* puis Adolphe Nourrit chanta, avec accompagnement de chœurs et de symphonies, une cantate dont voici les strophes :

Ceux qui pieusement sont morts pour la patrie
Ont droit qu'à leur cercueil on adore et l'on prie ;
Entre les plus beaux noms leur nom est le plus beau,
Toute gloire près d'eux passe et tombe éphémère ;
 Et, comme ferait une mère,
La voix d'un peuple entier les berce en leur tombeau.

 Gloire à notre France éternelle.
 Gloire à ceux qui sont morts pour elle,
 Aux martyrs, aux vaillants, aux forts,
 A ceux qu'enflamme leur exemple,
 Qui veu'ent place dans ce temple
 Et qui mourront comme ils sont mors, !

C'est sur ces morts, dont l'ombre est ici bienvenue,
Que le haut Panthéon élève dans la nue,
Au-dessus de Paris, la ville aux mille tours,
La reine de nos Tyrs et de nos Babylones,
 Cette couronne de colonnes
Que le soleil levant redore tous les jours.

Gloire à notre France éternelle,
Gloire à ceux qui sont morts pour elle,
Aux martyrs, aux vaillants, aux forts,
A ceux qu'enflamme leur exemple,
Qui veulent place dans ce temple
Et qui mourront comme ils sont morts !

Ainsi, quand de tels morts sont couchés dans la tombe,
En vain l'oubli, nuit sombre où va tout ce qui tombe,
Passe sur leur sépulcre où nous nous inclinons ;
Chaque jour, pour eux seuls se levant plus fidèle,
  La gloire, aube toujours nouvelle,
Fait luire leur mémoire, et redore leurs noms.

Gloire à notre France éternelle,
Gloire à ceux qui sont morts pour elle,
Aux martyrs, aux vaillants, aux forts,
A ceux qu'enflamme leur exemple,
Qui veulent place dans ce temple
Et qui mourront comme ils sont morts !

A ces chants succédèrent ceux de la *Parisienne* et de la *Marseillaise*, inséparables des solennités de cette époque.

Quatre tableaux avaient été commandés à Gérard, par le roi Charles X, pour les pendentifs de la coupole, et l'artiste avait naturellement choisi des sujets exclusivement religieux. Il y substitua quatre compositions allégoriques : la *Mort*, la *Patrie*, la *Justice* et la *Gloire*. Dans le premier tableau, tout tout est sinistre : l'homme vient de succomber ; il a été frappé dans sa force, et ceux dont il était le soutien, sa femme, son enfant, son vieux père, n'ont pour lui que des larmes stériles. Un serpent, symbole du mal, s'enlace autour d'une colonne dont il atteint la cime en rampant. Le peintre, renonçant au squelette accoutumé, a montré la *Mort* sous les traits d'une femme à la physionomie consternée, au teint livide, au front ceint d'une couronne d'airain.

La *Patrie* intervient pour pleurer sur la tombe du citoyen qu'elle a perdu ; la Renommée déploie ses ailes pour le célébrer ; un guerrier, un artisan, un magistrat, un agronome, se présentent pour le remplacer.

La *Justice*, armée du glaive et tenant ses

balances, éloigne du Panthéon la Vanité, la Calomnie, le Mensonge et l'Envie. Elle réserve l'accès du temple à la Vertu, qui gît à ses pieds, victime des persécutions, mais qu'elle va bientôt relever.

La *Gloire* est associée à l'*Immortalité*, et toutes deux montrent le ciel à Napoléon, représenté dans toute la magnificence de son costume impérial.

Gérard mourut, en 1837, avant d'avoir mis la dernière main à ces tableaux, qui furent achevés par un de ses élèves.

Lorsqu'on faisait, en 1830, des travaux préparatoires avant de commencer les quatre pendentifs, on supposa que ces travaux avaient pour but la restauration d'un autel. L'idée du culte semblait alors inconciliable avec l'exécution de la loi de l'Assemblée constituante; aussi des réclamations s'élevèrent; et le ministère, accusé de vouloir revenir aux errements du régime précédent, fut obligé de se disculper par cette note insérée au *Moniteur* :

« Plusieurs journaux ont prétendu dernièrement que le ministère faisait établir un autel au Panthéon. La destination de ce monument est désormais fixée. Il n'y a jamais eu de décision ministérielle pour l'exécution d'un autel qui était proposé par l'architecte dans un projet antérieur à la Révolution de juillet.

« Les travaux autorisés en 1831 consistent, savoir :

« 1° Dans l'achèvement d'un pont de communication à la coupole pour faciliter l'approche des peintures de M. Gros, celui de l'inscription : *Aux grands hommes la patrie reconnaissante*, et du raccordement des archivoltes ;

« 2° Les encadrements en bois des pendentifs du dôme et divers travaux d'entretien ;

« 3° Les fondations du bahut d'une grille

qui enveloppera le perron du grand porche pour empêcher les gens de mauvaise vie de s'y rassembler la nuit.

« Ce qui a pu faire supposer qu'on s'occupait d'un autel, c'est qu'on dispose dans l'intérieur du monument des bois nécessaires pour les encadrements des pendentifs qui doivent être peints par M. Gérard, et que les curieux ont pu prendre ces bois pour les membrures d'un autel en menuiserie. »

CHAPITRE X.

**Fronton de David d'Angers.
Bas-reliefs de Nanteuil. — Essais d'ornementation
La Renommée. — Les trois statues.**

Pour compléter extérieurement la décoration de l'édifice, David d'Angers sculpta dans le tympan du fronton un bas-relief colossal. Au centre est la Patrie, qui distribue des récompenses à ses enfants. A sa droite, la Liberté tresse des couronnes ; à sa gauche, l'Histoire burine sur des tablettes les noms des lauréats. D'un côté se rangent les illustrations de l'ordre civil. Voltaire et Fénelon, Mirabeau et Laplace, David et Cuvier, Malesherbes et Monge, viennent recevoir ensemble le prix de leurs services. De l'autre côté le premier consul mène au Panthéon les phalanges d'Arcole et de Marengo. Dans les angles aigus du fronton, toujours si difficiles à remplir, David d'Angers a placé des jeunes gens qui se disposent par des études sérieuses à marcher sur les traces de leurs célèbres devanciers.

Dans les cadres ménagés sous le péristyle, et qui devaient contenir quatre principaux traits de la vie de sainte Geneviève, le statuaire Nanteuil représenta : un magistrat bravant le poignard d'un assassin ; un guerrier refusant modestement les palmes de la Victoire ; les Sciences et les Arts travaillant à la gloire de la nation ; l'Instruction publique accueillant des enfants amenés par leurs mères. Dans le médaillon central, de plus grande dimension, la Patrie console, en lui offrant une palme, un citoyen mourant dont la Renommée proclame les hauts faits.

Au faîte de la lanterne du Panthéon devait se dresser, pour remplacer la croix qui avait été enlevée le 26 juillet 1831, une statue colossale de la Renommée, par Cortot. Le modèle en carton-pierre en fut placé au mois de juillet 1838; mais on jugea l'effet disgracieux, et il fut redescendu.

Trois statues de plâtre, la Gloire, la Justice et la Pitié, après avoir figuré, en 1840, dans la translation des cendres de Napoléon, furent remisées sous les voutes du Panthéon, mais sans intention arrêtée de les y conserver.

Les architectes du monument, sous le règne de Louis-Philippe, furent MM. Rondelet fils, Baltard et Destouches. Ils employèrent la somme que le gouvernement leur alloua, 1,154,731 francs 54 centimes, à niveler les terrains adjacents, à poser une grille d'enceinte, à réparer la colonnade et les souterrains, à sculpter des portes de chêne, à daller le péristyle, les abords de l'édifice et les marches du grand perron.

CHAPITRE XI.

Le Panthéon après 1848.
Les peintures de Chenavard. — Les journées de
Juin. — Expériences de M. Foucauld.

La Révolution de 1848 ne pouvait rien innover dans la destination du Panthéon; il entrait dans ses principes et dans ses vues de maintenir les décisions qui le consacraient à la sépulture des grands hommes. Elle entreprit donc d'en parer la nudité. Le ministre de l'intérieur décréta, le 11 avril, sur la proposition du directeur des Beaux-Arts, qu'il serait exécuté dans l'intérieur du Panthéon une suite de peintures murales, par le citoyen Paul Chenavard et sous sa direction. On allouait à l'artiste, sur sa demande, une somme annuelle de 4,000 fr. pendant toute la durée des travaux, et il lui était permis de s'adjoindre des auxiliaires, dont la rétribution était fixée à dix francs par jour.

Chenavard se proposait de peindre sur les parois de l'édifice toutes les grandes phases de l'histoire. Ainsi un de ses cartons représentait l'apogée de l'empire romain. Auguste, placé entre Agrippa et Mécène, fermait les portes du temple de Janus, tandis que Ovide lisait à Virgile et à Horace ce vers prophétique :

Magnus ab integro sæclorum nascitur ordo.

Dans une autre composition, Attila, roi

des Huns, ce type des barbares envahisseurs, par l'imposante apparition du pape Léon Ier. Un autre compartiment rappelait les débuts du protestantisme : Luther déchirant les bulles du pape dans l'église de Wittemberg, et stimulant par ses paroles le zèle réformateur d'Ulric de Hatten et de Philippe Melanchthon.

Cette décoration grandiose demeura à l'état de projet; et le Panthéon ne reçut d'autres peintures nouvelles que des copies des loges de Raphaël, par les frères Balfe.

Pendant les fatales journées de Juin 1848, des insurgés, poursuivis de barricade en barricade, se retranchèrent dans le Panthéon; il fallut du canon pour les débusquer, et les boulets enlevèrent de larges éclats aux colonnes de la façade. Quand les portes eurent été brisées, le 24, à deux heures de l'après-midi, la garde mobile franchit la brèche, et il y eut, dans cet assant, plus de morts que n'en recélaient les caveaux funèbres du monument.

Le Panthéon servit, en 1849, à une expérience imaginée par M. Foucauld pour démontrer la rotation de la terre. Un pendule attaché au centre de la coupole se balançait sous le dôme, et dans ses oscillations il entamait deux monticules de sable. Ce pendule, lancé dans l'espace avec de minutieuses précautions, obéissait d'une manière invariable aux lois de la gravitation. Il aurait dû, par conséquent, creuser sans cesse les mêmes sillons sur le sable; mais les traces parallèles qu'il y laissait attestaient que le sable se déplaçait, emporté par le mouvement terrestre.

CHAPITRE XII.

Le Panthéon redevient l'église Sainte-Geneviève.

Le 6 novembre 1851, parut un décret ainsi conçu :

« Le président de la République, sur le rapport du ministre des cultes, vu la loi des 4 et 10 avril 1791, vu le décret du 20 février 1806, vu l'ordonnance du 12 décembre 1821 et celle du 26 août 1830,

« Décrète :

« L'ancienne église de Sainte-Geneviève est rendue au culte, conformément à l'intention de son fondateur, sous l'invocation de sainte Geneviève, patronne de Paris.

« Il sera pris ultérieurement des mesures pour régler l'exercice permanent du culte catholique dans cette église.

« L'ordonnance du 26 août 1830 est rapportée.

« Le ministre des cultes et le ministre des travaux publics sont chargés, chacun en ce qui le concerne, de l'exécution du présent décret, qui sera inséré au *Bulletin des lois.* »

Ce décret n'abroge que l'ordonnance de Louis-Philippe, et peut-être est-il entré dans la pensée de son auteur de maintenir en partie les dispositions des lois qu'il mentionne dans son préambule. Peut-être le caractère de sépulture nationale n'est-il pas complétement enlevé à la basilique ? Cette supposition se change en certitude, quand on lit dans un second décret rendu le 22 mars 1852 :

« Une communauté de prêtres est établie pour desservir l'église Sainte-Geneviève de Paris.

« Cette communauté sera composée de six membres qui prendront le titre de chapelains de Sainte-Geneviève, et d'un doyen.

« Les chapelains de Sainte-Geneviève sont institués :

« 1° Pour se former à la prédication ;

« 2° Pour prier Dieu pour la France et *pour les morts qui auront été inhumés dans les caveaux de l'église.* »

Ainsi le Panthéon conserve, théoriquement du moins, la double destination qui lui avait été assignée par l'Assemblée constituante et par le premier empereur.

CHAPITRE XIII.

Organisation du clergé de Sainte-Geneviève.

Le doyen du chapitre de Sainte-Geneviève, actuellement chargé de la direction du culte et du personnel dans l'église, est nommé pour cinq ans, par l'archevêque de Paris et agréé par le chef de l'État. Il ne peut être renommé qu'après cinq autres années révolues. Les chapelains de Sainte-Geneviève sont choisis pour cinq ans, à la suite d'un concours auquel peuvent être admis tous les prêtres français âgés de moins de trente-cinq ans, et autorisés par l'évêque de leur diocèse.

Le concours se compose de trois épreuves :

1° Un sermon écrit sur un sujet donné à l'instant aux candidats ;

2° Un sermon improvisé sur un sujet donné séance tenante ;

3° Une argumentation théologique.

Les concurrents ont douze heures pour rédiger le premier sermon, dans la solitude d'une cellule ou sous les yeux d'un de leurs juges, sans autre livre qu'une Bible dépourvue de tout commentaire.

Pour se préparer au second sermon, ils sont enfermés dans une cellule d'où ils sortent au bout de deux heures, et le discours qu'ils prononcent alors doit durer au moins trente-cinq minutes.

Quant au point de doctrine sur lequel doit rouler entre eux l'argumentation théologique, il est désigné trois jours à l'avance.

Les juges du concours, au nombre de huit, sont choisis par l'archevêque de Paris.

Ce sont aujourd'hui :

MM. Sibour et Bautain, vicaires généraux ;
    Le Coursier, archiprêtre de Notre-Dame ;
    Le P. Ravignan, de la Société de Jésus ;
    Deguerry, curé de la Madeleine ;
    Le P. Lacordaire, de l'ordre de Saint-Dominique ;
    Hamon, curé de Saint-Sulpice ;
    Duquesnay, aumônier de l'École normale.

Les chapelains sont astreints à prêcher au moins une fois par mois dans l'église Sainte-Geneviève, et le doyen doit faire tous les huit jours, sur l'éloquence sacrée, une conférence à laquelle tous les membres de la communauté qu'il dirige sont tenus d'assister.

Les sociétés de Saint-Vincent-de-Paul et de Saint-François-Xavier, les sociétés de secours mutuels, de patronage, les corporations d'arts et métiers, peuvent tenir dans l'église Sainte-Geneviève leurs séances solennelles, leurs assemblées religieuses, et y célébrer leurs fêtes patronales avec la permission du doyen.

CHAPITRE XIV.

État actuel du monument.

Si nous voulons visiter l'église Sainte-Geneviève, traversons le jardin du Luxembourg, et arrivons par la rue Soufflot ; nous aurons devant nous la magnifique façade de l'édifice, et, à chaque pas que nous ferons, nous pourrons en mieux étudier les beautés. Elle s'enorgueillit encore du chef-d'œuvre de David d'Angers, et nous avons lieu de croire qu'elle n'en sera pas dépossédée. En entrant dans le sanctuaire, nous sommes frappés de la richesse de ses ornements. L'autel dédié à saint Louis, celui qui est placé sous l'invocation de la patronne de Paris, sont resplendissants de dorures, mais d'un goût moins pur que l'autel de marbre qui occupe le fond de l'église. La balustrade de communion, en fer doré et ciselé, est un chef-d'œuvre de serrurerie, et les stalles en bois sculpté qui entourent le chœur rivalisent avec celles des églises de Belgique, quoique d'un travail plus simple et d'un style plus moderne.

Les sept portes principales sont dignes de notre attention. Elles sont en bronze ou en cuivre laminé; les quatre portes latérales, enrichies d'étoiles, de guirlandes, de fleurs diverses, ont été fondues d'un seul jet par MM. Simonnet père et fils, sur les modèles de M. Constant Dufeux, architecte de l'église. Les trois portes de la façade ont été composées par M. Destouches; d'une élégante simplicité, elles ont pour ornement des moulures, des modillons, des feuilles d'acanthe. Celle du centre, haute de $8^m 20^c$, et large de $3^m 95^c$, a coûté 92,000 fr.

Si nous tenons à observer de près la fresque imposante de Gros et à juger du mérite de la construction du dôme, des escaliers commodes nous faciliteront cette ascension sans péril, mais fatigante, car on compte deux cent neuf pieds depuis le pavé jusqu'aux voûtes de la coupole. Du sommet de la lanterne nous jouirons du plus admirable panorama. Paris, la Seine et les coteaux qu'elle arrose se dérouleront à nos pieds. Nous embrasserons d'un coup d'œil l'immense cité; nous en compterons tous les monuments; nous verrons des milliers de fumées tourbillonner dans l'atmosphère au-dessous de nous, comme les nuages au-dessous du voyageur qui a gravi la côte du mont Blanc, et les bourdonnements confus de la population monteront jusqu'à notre oreille.

D'aucun point du monde, on ne plane sur un aussi vaste assemblage de clochers, de dômes, de palais, d'arcs de triomphe. Certes, si le tentateur pouvait renouveler sur un mortel l'épreuve qu'il fit subir au divin Maître, il ne choisirait pas d'autre emplacement pour montrer de là l'image plus frappante des grandeurs, de la puissance et de la richesse humaines.

Redescendons et parcourons les caveaux; la lumière y pénètre par de larges baies, et, comme à Saint-Denis, on y regrette l'absence d'une pénombre mystérieuse en harmonie avec le caractère funèbre du lieu.

Dans le deuxième caveau, à droite, sont inhumés séparément les dignitaires de l'Empire qui appartenaient à la communion protestante : le sénateur Perregaux, le vice-amiral de Winter, le comte Reynier, et le lieutenant général de Winter.

Aucun mausolée n'est remarquable au point de vue monumental. Les tombes de Voltaire et de Rousseau sont des modèles provisoires. De celle du philosophe genevois sort un bras tenant un flambeau, et l'on peut déchiffrer sur une des faces du monument informe la devise qu'il avait adoptée : *Vitam impendere vero.*

C'est aussi la nôtre.

FIN

TABLE DES MATIÈRES.

CHAPITRE PREMIER

Pages.

Les origines du Panthéon. — L'ancienne abbaye. — Vœu de Louis XV. — Plan de Soufflot. — Construction de l'église Sainte-Geneviève.. 5

CHAPITRE II.

Mort de Mirabeau. — Décret du 4 avril 1791 sur la sépulture des grands hommes. — Funérailles de Mirabeau. 12

CHAPITRE III.

Voltaire au Panthéon. — Pétitions en faveur de Rousseau, Beaurepaire. 25

CHAPITRE IV.

Lepelletier de Saint-Fargeau. — Décret en l'honneur de Marat. — Translation des cendres de Rousseau au Panthéon. 32

CHAPITRE V.

Dépanthéonisation de Marat. 42

CHAPITRE VI.

Décadence du Panthéon. — Il est rendu au culte. — Rapport de Champagny. — Décret du 20 février 1806.. 47

CHAPITRE VII.

Le Panthéon sous l'Empire. — Obsèques du maréchal Lannes. — L'église Sainte-Geneviève sous la Restauration. — Description de la fresque de la coupole. 52

CHAPITRE VIII.

L'église Sainte-Geneviève redevient le Panthéon. 58

CHAPITRE IX.

Loi du 11 décembre 1830. — Cérémonie du 19 juillet 1831. — Peintures de Gérard. . 65

CHAPITRE X.

Pages.

Fronton de David d'Angers. — Bas-reliefs de Nanteuil. — Essais d'ornementation. — La Renommée. — Les trois statues. 73

CHAPITRE XI.

Le Panthéon après 1848. — Les peintures de Chenavard. — Les journées de Juin. — Expériences de M. Foucauld. 77

CHAPITRE XII.

Le Panthéon redevient l'église Sainte-Geneviève. 81

CHAPITRE XIII.

Organisation du clergé de Sainte Geneviève. . 84

CHAPITRE XIV.

État actuel du monument 88

PARIS. — IMP. DE SIMON RAÇON ET C°, RUE D'ERFURTH, 1

NOMS DES AUTEURS

ALPHONSE KARR.
ALBÉRIC SECOND.
AUGUSTE LUCHET.
AMÉDÉE ACHARD.
CARAGUEL.
CLÉMENCE ROBERT.
CHARLES DESLYS.
COMMERSON.
EUGÈNE DE MIRECOURT.
EUGÈNE GUINOT.
ÉLIE BERTHET.
BENJAMIN GASTINEAU.

LA BÉDOLLIÈRE.
LÉO LESPÈS.
LOUIS LURINE.
LOUIS HUART.
JULIEN LEMER.
JULES LECOMTE.
JULES DE SAINT-FÉLIX.
OCTAVE FÉRÉ.
MAURICE ALHOY.
PAUL FÉVAL.
ROGER DE BEAUVOIR.
ZACCONE, etc., etc.

EN VENTE

L'OPÉRA, par Roger de Beauvoir.

LE PANTHÉON, par Émile de la Bédollière.

SOUS PRESSE

LE PALAIS-ROYAL. — LES TUILERIES. — LE PÈRE-LACHAISE. — LE MONT-DE-PIÉTÉ. — LE JARDIN DES PLANTES. — LES SYNAGOGUES. — LES HALLES. — LE LUXEMBOURG, ETC., ETC.

PARIS. — IMP. SIMON RAÇON ET COMP., RUE D'ERFURTH, 1.

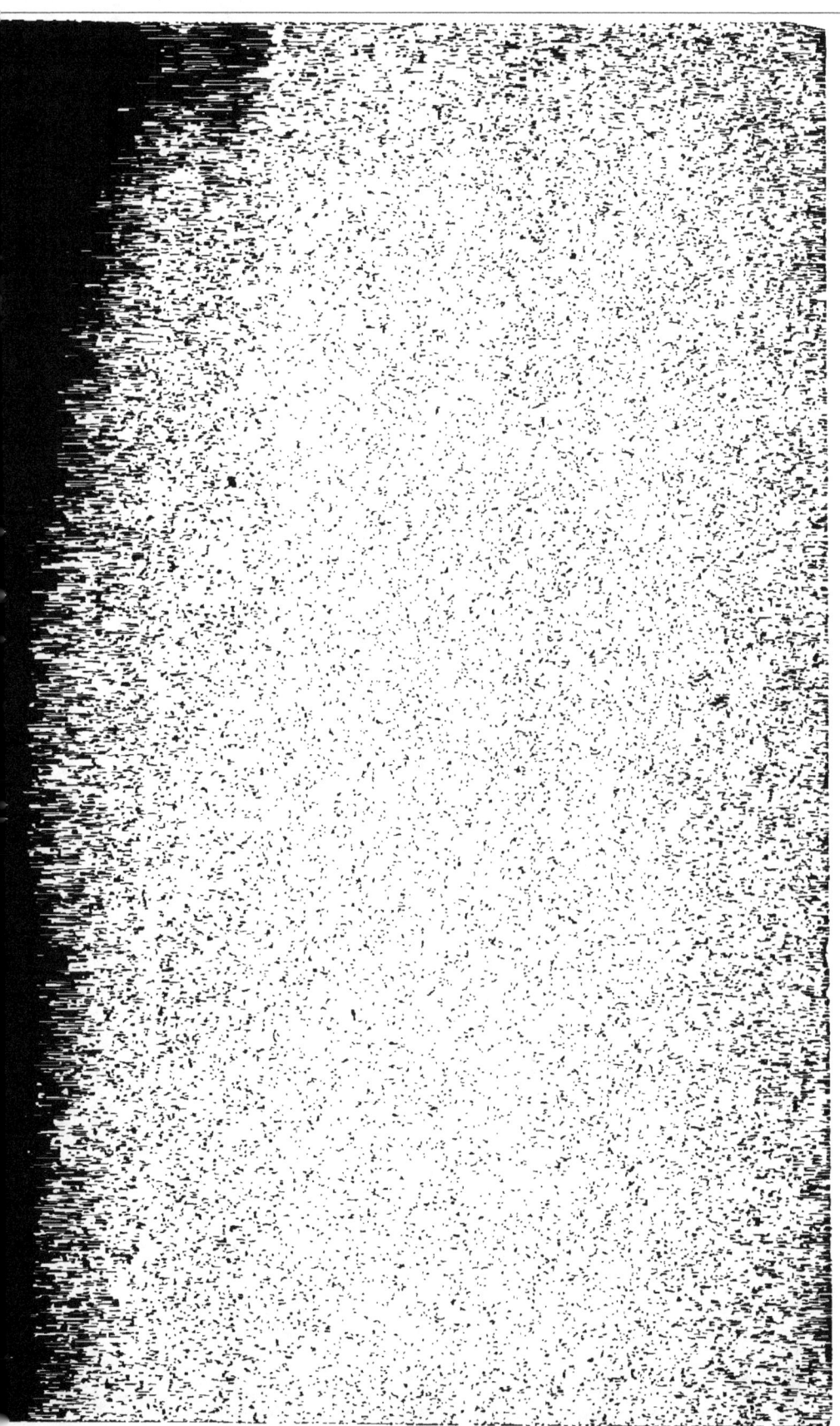

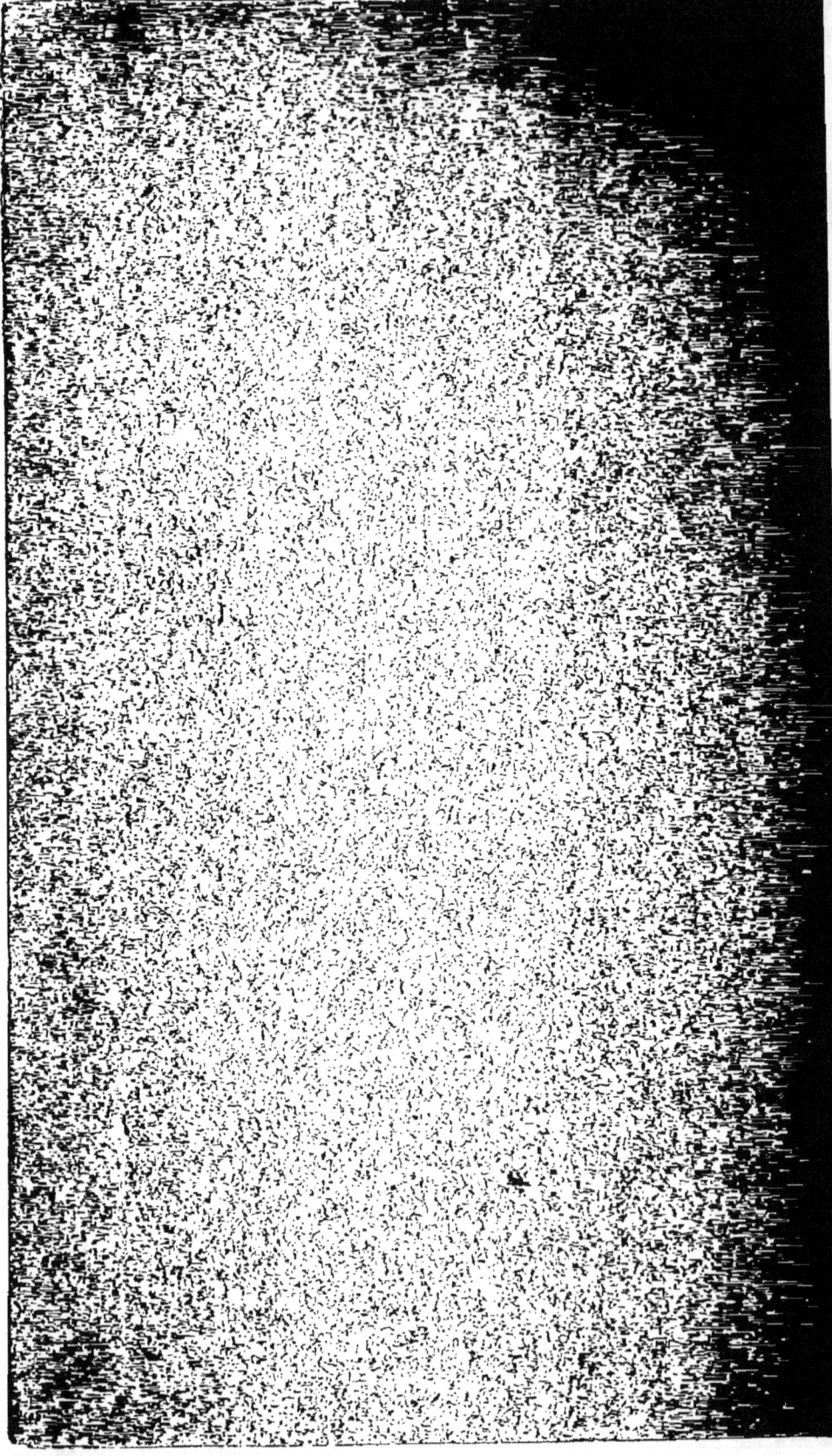

www.ingramcontent.com/pod-product-compliance
Lightning Source LLC
Chambersburg PA
CBHW070246100426
42743CB00011B/2148